MARINE ET COLONIES

DÉPÔT DES CARTES ET PLANS

RECUEIL RÉGLEMENTAIRE

DES

CARTES ET DOCUMENTS

NAUTIQUES

A DÉLIVRER

AUX BATIMENTS DE LA MARINE IMPÉRIALE

QUINZIÈME CATÉGORIE

DIVISIONS DE LA COCHINCHINE ET DES MERS DE CHINE

(Outre la quinzième catégorie, les bâtiments de la division de la
Cochinchine et ceux de la division des mers de Chine
recevront la première catégorie.)

PARIS

TYPOGRAPHIE DE FIRMIN DIDOT FRÈRES

IMPRIMEURS DE L'INSTITUT ET DE LA MARINE

rue Jacob, 56

1865

MARINE ET COLONIES.

Dépôt des Cartes et Plans.

RECUEIL RÉGLEMENTAIRE

DES

CARTES ET DOCUMENTS NAUTIQUES

A DÉLIVRER

AUX BATIMENTS DE LA MARINE IMPÉRIALE.

QUINZIÈME CATÉGORIE

DIVISIONS DE LA COCHINCHINE ET DES MERS DE CHINE.

(Outre la quinzième catégorie, les bâtiments de la division de la Cochinchine et ceux de la division des mers de Chine recevront la première catégorie.)

Le Recueil réglementaire a été revisé par une commission composée de MM. VILLEMAIN et PÉRIGOT, capitaines de vaisseau, et GAUSSIN, ingénieur hydrographe de 1re classe, chargé du service des Cartes.

Pour faciliter les recherches, les Cartes ont été classées par sections comprenant vingt numéros environ, et répondant toujours à des divisions géographiques. Autant que possible les sections correspondant aux mêmes parages ont reçu la même composition, quelle que fût la catégorie à laquelle elles devaient appartenir.

Ces sections seront renfermées dans des chemises en papier collé sur toile. Les chemises numérotées de 1 à 190 constituent donc une unité intermédiaire entre la carte et le recueil.

Les chemises seront en outre délivrées dans les caisses en bois déjà réglementaires.

Les dates des corrections essentielles sont inscrites dans ce recueil et dans les suppléments trimestriels en caractères droits, celles des corrections secondaires en caractères italiques.

La lettre F désigne les cartes françaises, et la lettre A les cartes anglaises.

QUINZIÈME CATÉGORIE

DIVISIONS DE LA COCHINCHINE ET DES MERS DE CHINE.

(Outre la quinzième catégorie, les bâtiments de la Division de la Cochinchine et ceux de la Division des mers de Chine recevront la première catégorie.)

TABLE DES MATIÈRES.

CHEMISES.

OUVRAGES.

CHEMISE N° 178.

Côtes du Brésil, du cap San-Roque à l'île Sainte-Catherine.

CHEMISE N° 180.

(Chemise restreinte.)

Côtes occidentales d'Afrique,
du cap Verd au cap de Bonne-Espérance.

———

<table>
<tr><td colspan="2">Numéros
des Cartes.</td><td></td><td>Dates
des corrections.</td></tr>
<tr><td>F.</td><td>299.</td><td>Du cap Verd aux îles de Los. . . . .</td><td></td></tr>
<tr><td>F.</td><td>1048.</td><td>Mouillage de Portudal. — Baie de Penha-Grande. —
Mouillage des Pilones.. . . . .</td><td></td></tr>
<tr><td>F.</td><td>302.</td><td>Du cap de Naze au cap Roxo. . . . .</td><td></td></tr>
<tr><td>F.</td><td>1712.</td><td>De la Cazamance à Sierra-Leone. . . . .</td><td></td></tr>
<tr><td>F.</td><td>1313.</td><td>Du cap Roxo et des îles Bissagos aux îles de Los.. .</td><td></td></tr>
<tr><td>F.</td><td>301.</td><td>Archipel des Bissagos. . . . .</td><td></td></tr>
<tr><td>F.</td><td>1618.</td><td>Du cap Sierra-Leone au cap des Palmes. . . . . .</td><td></td></tr>
<tr><td>A.</td><td>616.</td><td>Sierra-Leone River. . . . .</td><td></td></tr>
<tr><td>F.</td><td>1051.</td><td>Baie du cap Mesurado. — Baie du cap de Monte. . .</td><td></td></tr>
<tr><td>F.</td><td>1617.</td><td>Du cap des Palmes au cap Coast. . . . .</td><td></td></tr>
<tr><td>F.</td><td>1057.</td><td>De Grand-Bassam à Assinie. — Rade et rivière d'As-
sinie.. . . . .</td><td></td></tr>
<tr><td>F.</td><td>1717.</td><td>Du cap Coast au Niger. . . . .</td><td></td></tr>
<tr><td>F.</td><td>791.</td><td>Du cap Formose au cap Frio. — Du cap Saint-Jean
au cap Lopez. — Entrée du Congo. — Saint-Paul
de Loando. — Baie de Benguela. . . . .</td><td></td></tr>
<tr><td>F.</td><td>1721.</td><td>Du fleuve Niger au cap Sainte-Catherine. . . . . .</td><td></td></tr>
<tr><td>F.</td><td>1058.</td><td>Vieux Calebar. — Baie de l'Ouest (île du Prince). . .</td><td></td></tr>
<tr><td>F.</td><td>799.</td><td>Iles du Prince, Saint-Thomas et Annobon. — Baie de
l'Ouest (île du Prince). — Baie de Santo-Antonio
(île du Prince). — Mouillage de Santa-Anna de
Chaves (île Saint-Thomas). — Mouillage au Nord
de l'île Annobon.. . . . .</td><td></td></tr>
<tr><td>F.</td><td>1314.</td><td>Estuaire du Gabon.. . . . .</td><td></td></tr>
<tr><td>A.</td><td>595.</td><td>Annobon to Hollams Island. — Port d'Ilheo or Sand-
wich Harbour. — Vesuvius Shoal. — Dangers of
Margate Head. — Black Point. — Mayumba. —
Kabenda. — Malemba. — Little Fish Bay.. . . .</td><td></td></tr>
<tr><td>F.</td><td>2030.</td><td>Baie des Éléphants. . . . .</td><td></td></tr>
<tr><td>A.</td><td>2091.</td><td>St Helena Bay to Cape of Good Hope.. . . . . . .</td><td></td></tr>
</table>

———

CHEMISE N° 142.

Cartes générales de la mer des Indes, du grand archipel d'Asie et des mers de Chine.

———

Numéros des Cartes.			Dates des corrections.
F.	955.	Mers australes, du cap de Bonne-Espérance au cap du Rio-Georges.	
A.	596.	Hollams Island to Cape Corrientes. — St Helena and Table Bay. . :	
F.	875.	Canal de Mozambique et île de Madagascar.	
F.	876.	Côte Est de Madagascar et îles situées à l'Est et au N. E.	1863
A.	597.	Cape Corrientes to Juba Island, including Madagascar.	
F.	901.	Entrée de la mer Rouge.	
F.	903.	Côtes d'Arabie et de Perse, de l'île Socotra à Bombay.	
F.	899.	Côtes de l'Indoustan, de Bombay au Godavery, îles Maldives et Chagos.	
F.	900.	Golfe du Bengale.	
A.	70a.	Bengal Bay with 15 Plans.	
A.	70b.		
F.	889.	Iles Sumatra, Java, Bornéo et mers environnantes. . .	1861
F.	927.	Iles Philippines, Célèbes et Moluques.	
F.	2151.	Partie du grand archipel d'Asie comprise entre Java, la Nouvelle-Guinée et l'Australie.	
F.	865.	Mer de Chine.	1864
F.	957.	Côtes orientales de Chine.	1863
A.	1262.	China from Hong-Kong to Liau-Tong Gulf.	

———

CHEMISE N° 143.

Cartes des vents et courants dans la mer des Indes et dans la mer de Chine.

———

Numéros des Cartes		Dates des corrections.
A. 115*a*.		
A. 115*b*.		
A. 115*c*.		
A. 115*d*.		
A. 115*e*.		
A. 115*f*.	India and China Seas, Winds and Currents throughout the year	
A. 115*g*.		
A. 115*h*.		
A. 115*i*.		
A. 115*j*.		
A. 115*k*.		
A. 115*l*.		

CHEMISE N° 144.

Côte Sud d'Afrique,
du cap de Bonne-Espérance au cap Corrientes.

Numéros des Cartes.			Date des corrections.
A.	596.	Hollams Island to Cape Corrientes. — St Helena and Table Bays.	
		(Pour mémoire, voir la chemise n° 142, page 5.)	
F.	1870.	Côte Sud d'Afrique, du cap de Bonne-Espérance à la baie d'Algoa..	
F.	1880.	Baie de la Table.	1863
F.	1422.	False Bay.	
F.	1879.	Simon's Bay.	
A.	2571.	Cape Hangklip to Dyers Island.	
A.	2572.	Dyers Island to Struy's Bay..	
A.	638.	Flesh Bay, or Bay of St Bras.	
A.	639.	Mossel Bay.	1863
F.	1878.	Baie de Mossel. — Baie de Plettenberg. — Cap des Aiguilles.	
F.	1877.	Havre Knysna.	
F.	1869.	De la baie d'Algoa au port Natal.	
F.	1876.	Baie d'Algoa.	
A.	641.	St Francis Bay.	
F.	1875.	Rivière Buffalo. — Rivière et baie Kaffir-Kuyl. — Baie Waterloo. — Embouchure de la rivière Kei.. . . .	
F.	1874.	Entrée de la rivière Saint-John ou Umzimvubu. . . .	
F.	1868.	Du port Natal au cap Corrientes.	
F.	1873.	Port Natal..	
F.	1871.	Baie Delagoa ou Lorenzo-Marquès..	
F.	1872.	Rivière English (baie Delagoa). — Port Melville (id.).	

CHEMISE N° 181.

(Chemise restreinte.)

Côte Est d'Afrique, du cap Corrientes à Ras Hafoun; côte Ouest de Madagascar; îles Mayotte et Comores.

Numéros des Cartes.		Dates des corrections.
F. 1802.	Baie Pomba. — Rivière et barre Sofala	
F. 1751.	Du cap Corrientes à la pointe Caldeira	1861
F. 1750.	De la pointe Caldeira au port de Quiloa	1861
F. 1749.	Du port de Quiloa à la baie de Kwyhoo	
F. 1745.	Passe Sud du mouillage de Zanzibar	
F. 1297.	Ile et port de Mombaze	
F. 1442.	Côte Ouest de Madagascar, du cap Saint-Vincent au cap Saint-André	
F. 1441.	Côte Ouest de Madagascar, du cap Saint-André à la baie d'Antongil	
F. 1451.	Baie de Passandava	
F. 988.	Nossi-bé, Nossi-Cumba, Nossi-Fali, Nossi-Mitsiou et côte adjacente	
F. 989.	Mouillages situés à la partie Sud de Nossi-Bé	
F. 1046.	Ile Mayotte	1863
F. 987.	Passes et mouillages au S. E. de Mayotte	1863
F. 997.	Vues de l'île Mayotte	
F. 1221.	Mouillages à la côte Sud de Mohéli (Comores)	
A. 2762.	Comoro Islands	

CHEMISE N° 147.

Ile Socotra,
golfe d'Aden et côte Sud-Est d'Arabie jusqu'à Mascate.

CHEMISE N° 148.

Mer Rouge.

<table>
<tr><td>Numéros
des Cartes.</td><td></td><td>Dates
des corrections.</td></tr>
<tr><td>A. 2523.</td><td>Red Sea. — Suakin and Village Bay . . . .</td><td></td></tr>
<tr><td>F. 2126.
F. 2127.
F. 2128.
F. 2129.</td><td>Mer Rouge . . . .</td><td></td></tr>
<tr><td>A. 104.</td><td>Red Sea Entrance . . . .</td><td></td></tr>
<tr><td>F. 1912.</td><td>Ile de Périm . . . .</td><td></td></tr>
<tr><td>F. 2154.
F. 2155.
F. 2156.
F. 2157.</td><td>Ports et mouillages de la mer Rouge . . . .</td><td></td></tr>
<tr><td>F. 1759.</td><td>Massouah . . . .</td><td></td></tr>
<tr><td>A. 731.</td><td>Port Dradart . . . .</td><td></td></tr>
<tr><td>A. 732.</td><td>Bahia de Fucha. — Rio Farat. — Quilfit. — Arequea.
— Gidid. — Xerme . . . .</td><td></td></tr>
<tr><td>A. 2838.</td><td>Jubal Strait. — Tur Road . . . .</td><td></td></tr>
<tr><td>A. 2839.</td><td>Ashrafi Island and Reefs . . . .</td><td></td></tr>
<tr><td>A. 734.</td><td>Suez Bay . . . .</td><td></td></tr>
<tr><td>A. 736.</td><td>Bareedy . . . .</td><td></td></tr>
<tr><td>A. 14.</td><td>Principal Harbours and Anchorages North of Jiddah.</td><td></td></tr>
<tr><td>A. 2599.</td><td>Jiddah . . . .</td><td></td></tr>
<tr><td>A. 15.</td><td>Principal Harbours and Anchorages South of Jiddah . .</td><td></td></tr>
<tr><td>A. 738.</td><td>Gunfudeh. — Goofs. — Gedan. — Shekh Amar. —
Marsah Sebt, and Raboc . . . .</td><td></td></tr>
<tr><td>A. 739.</td><td>Marsah Sememah and Marsah Koof . . . .</td><td></td></tr>
<tr><td>A. 740.</td><td>Marsah Gedan . . . .</td><td></td></tr>
<tr><td>F. 2152.</td><td>Camaran . . . .</td><td></td></tr>
<tr><td>F. 993.</td><td>Rade de Moka . . . .</td><td></td></tr>
</table>

CHEMISE N° 182.

(Chemise restreinte.)

Du golfe Persique à Ceylan.

Numéros des Cartes.		Dates des corrections.
F. 2171.	Golfe Persique, partie occidentale..........	
F. 2172.	Golfe Persique, partie orientale	
A. 2837*a*. A. 2837*b*.	}Persian Gulf.............	
A. 38.	Kooe Mubarrack to Kurachee, with 4 Plans......	
A. 42.	Sindh and Cutch Coast............	
A. 2736.	Gulf of Cutch to Viziadrug or Geriah........	
A. 2621.	Bombay Harbour..............	
F. 918.	Port de Bombay..............	
A. 2737.	Viziadrug to Cochin, including the Lacadivh Archipelago.................	
A. 2738.	Cochin to Cape Comorin, including the Maldivh Islands................	
A. 128.	Tinnevelly Coast..............	
A. 813.	Ceylon from Colombo on the West to the S. and S. E Coast, including the Bassas.— Colombo, Dodandowe and Belligan Bays, Kirinde Road, and Point de Galle Harbour...............	
A. 820.	Point de Galle Harbour...........	
A. 815.	Trincomalie Bay.............	
A. 816.	Trincomalie Harbour...........	

CHEMISE N° 153.

Golfe du Bengale, de Madras au cap Negrais.

—

<table>
<tr><td>Numéros
des Cartes.</td><td></td><td>Dates
des corrections.</td></tr>
<tr><td>A. 71a.</td><td rowspan="3">Coromandel Coast . . . .</td><td></td></tr>
<tr><td>A. 71b.</td><td></td></tr>
<tr><td>A. 71c.</td><td></td></tr>
<tr><td>A. 829.</td><td>Fort George or Madras . . . .</td><td></td></tr>
<tr><td>A. 72.</td><td>Mootapilly Bay . . . .</td><td></td></tr>
<tr><td>A. 81.</td><td>Coringa or Cocanada Bay . . . .</td><td></td></tr>
<tr><td>A. 1681.</td><td>Palmyra Point to Chittagong . . . .</td><td></td></tr>
<tr><td>A. 135.</td><td>Hoogly River, Balasore Roads . . . .</td><td></td></tr>
<tr><td>A. 136.</td><td>Hoogly River, Saugur Point to Calcutta . . . . . .</td><td></td></tr>
<tr><td>A. 82.</td><td>Mutlah River . . . .</td><td></td></tr>
<tr><td>A. 138a.</td><td rowspan="2">Hoogly River, Sea Face of Sunderbunds . . . .</td><td></td></tr>
<tr><td>A. 138c.</td><td></td></tr>
<tr><td>A. 84.</td><td>Chittagong or Kornafoolee River . . . .</td><td></td></tr>
<tr><td>A. 139.</td><td>Chittagong to Arracan River . . . .</td><td></td></tr>
<tr><td>A. 140.</td><td>Arracan Coast and Akyab . . . .</td><td></td></tr>
<tr><td>A. 831.</td><td>Kyouk Phyou Harbour . . . .</td><td></td></tr>
<tr><td>A. 832.</td><td>Cheduba Strait, and Ramree Harbour . . . .</td><td></td></tr>
<tr><td>A. 149a.</td><td rowspan="2">Ava Coast, from lat. 18° to Cape Negrais . . . . . .</td><td></td></tr>
<tr><td>A. 149b.</td><td></td></tr>
<tr><td>A. 152</td><td>Preparis, North Channel . . . .</td><td></td></tr>
</table>

—

CHEMISE N° 154.

Côte Est du golfe du Bengale,
du cap Negrais au détroit de Malacca; îles Andaman et Nicobar.

Numéros des Cartes.		Dates des corrections.
A. 825.	Andaman Isles	
A. 837.	Port Cornwallis. — Great Andaman	
A. 838.	Andaman Strait, between Middle and South Islands	
A. 839.	Port Meadows	
A. 836.	Port Campbell	
A. 514.	Port Blair	
A. 840.	Carnicobar Island	
A. 841.	Nancowry Harbour	
A. 157.	Pegu Coast and Martaban Gulf	
A. 834.	Rangoon and Bassein or Negrais Rivers	
A. 2135.	Irawaddy River from the Sea to Rangoon and Prome	
A. 2136.	Irawaddy River from Prome to Yeandabou	
A. 156.	Maulmain River and Martaban Gulf, Eastern Coast	
A. 210a. / A. 210b.	Martaban to Tavoy Point	
A. 212.	Moscos Islands	
A. 213.	Tavoy River	
A. 214a. / A. 214b.	Tavoy Point to Mergui	
A. 216a. / A. 216b.	Mergui Archipelago, Iron Island to Sayer Islands	
A. 218.	Mergui Harbour	
A. 835.	Bentinck Sound. — Tavoy River. — Port Owen	
A. 91.	Hastings Harbour	
A. 842.	Papra Strait	
A. 843.	Bass Harbour	
A. 844.	Boonting Islands	

QUINZIÈME CATÉGORIE.

CHEMISE N° 155.

Détroits de Malacca, Singapour, Banca, Gaspar, Carimata et de la Sonde.

Numéros des Cartes.		Dates des corrections.
F. 1981.	Détroit de Malacca, partie Nord, de la pointe Diamond aux North-Sands.	
F. 1982.	Détroit de Malacca, partie Sud, des North-Sands à Singapour.	
F. 2056.	Penang ou île du Prince-de-Galles.	
A. 2757.	Singapore to Banca Strait.	
A. 2403.	Singapore.	
A. 2402.	Straits of Durian, Muro, and Jombol.	
A. 2404.	Singapore.	
A. 2023.	Singapore New Harbour.	
A. 1995.	Singapore Roads.	
A. 1734.	Sirangoon Harbour and Johore Channel.	
F. 1253.	Détroits de Banca et de Gaspar.	1865
F. 1694.	Détroit de Banca.	1861
A. 2597.	Banka Strait.	
A. 2808.	Banka Strait South Entrance, the Lucipara and Stanton Channels.	
A. 2137.	Gaspar Strait.	
F. 1252.	Passage de Carimata.	1862
A. 2640.	Java Sea, Western Part.	
A. 2058.	Java Island. — Batavia, Kalang-Bayang, Lagoendy, Sourabaya and Sapœdie Straits; Samarang, Zand, Patytan, Tytando and Tylatiap Bays, Kambangan Channel, and Sogora Wedie.	
F. 1102.	Atterrages de Batavia.	
F. 1069.	Détroit de la Sonde. — Mouillage de Poulo-Mérak. — Mouillage de l'île Meeuwen.	
F. 1113.	Détroit de la Sonde.	
A. 2056.	Sunda Strait.	
A. 882.	Zutphen or Hound Islands.	
A. 85.	Rajah Bassa Road.	
A. 231.	Samangea Bay.	
A. 1388.	Merak Harbour.	

CHEMISE N° 156.

Côte Ouest de Sumatra.

———

———

CHEMISE N° 157.

Madagascar, côtes Est et Sud-Ouest.

—

Numéros des Cartes.		Dates des corrections.
F. 876.	Côte Est de Madagascar et îles situées à l'Est et au N. E.	1863
F. 851.	Baie de Diego-Suarez.	
F. 1291.	Port d'Ambavaranou ou baie Rigny.	
F. 1450.	Port Leven.	
A. 679.	Looke Leven, and Andrava Ports.	
F. 1020.	Baie de Vohemar. — Entrée de la baie de Vohemar. .	
A. 680.	Ngoncy Road.	
A. 681.	Veninguebe Bay.	
A. 682.	Hastie Road and Port Choiseul.	
F. 2145.	De l'île Fong à Sainte-Marie.	
F. 1204.	Ile et canal de Sainte-Marie. — Rade et port de Sainte-Marie.	
F. 2104.	Fénérive.	
F. 2034.	Foulpointe.	
F. 2098.	Tamatave.	
A. 689.	St Lucia Bay.	
A. 690.	Dauphin Bay.	
A. 691.	South West Coast, with Star Bank.	
A. 692.	St Augustine Bay, and Tullear Harbour.	
A. 693.	Murderers Bay to Cape St Vincent.	

———

CHEMISE Nº 159.

Iles de la Réunion et Maurice.

CHEMISE N° 160.

Iles éparses de la mer des Indes.

———

Numéros des Cartes.			Dates des corrections.
A.	715.	Rodriguez Island or Diego Rais..........	
A.	101.	Rodriguez Island, Mathurin Bay...........	
A.	1881.	Cargados Carajos, Shoals...............	
A.	718.	João de Nova Islands..............	
A.	719.	Plat, Deros, and San Joseph Isles.........	
A.	720.	Wood, Sable, or Sandy, and Coetivy Island......	
F.	1205.	Iles Seychelles..................	1863
F.	807.	Archipel des Seychelles. — Mouillage de Sainte-Anne.	
F.	1211.	Baie et port de Mahé...............	
A.	723.	Curieuse Bay.................	
A.	724.	Eagle and Bird Islands...............	
F.	943.	Iles Chagos..................	
A.	4.	Principal Groups of the Chagos Archipelago......	
F.	942.	Iles Maldives................	
A.	66a.		
A.	66b.	Maldivh Islands................	
A.	66c.		
A.	93.	Laccadivh Group..............	
A.	2510.	Cocos or Keeling Islands............	
F.	589.	Ile Amsterdam................	
A.	1921.	St Paul Island.................	
A.	2398.	Kerguelen Island. — Christmas Harbour.......	

———

CHEMISE N° 164.

Mer de Chine, du détroit de Singapour au Cambodge (golfe de Siam, îles Anambas et Natunas).

Numéros des Cartes.		Dates des corrections.
A. 2658.	Singapore to Cam-ranh Bay.	
A. 2659.	Bruit River to Calamian Island.	
A. 2660.	Cam-ranh Bay to Hongkong.	
A. 2661.	Mindoro Strait to Hongkong.	
A. 2041.	Singapore to Timoan.	
F. 2183.	Iles Tambelan.	
F. 814.	Archipel des Anambas.	
F. 856.	Partie des Anambas.	
F. 815.	Baie Tupinier (archipel des Anambas).	
F. 857.	Port Clermont-Tonnerre (archipel des Anambas). . .	
F. 812.	Archipel des Natunas.	
F. 813.	Partie S. O. des Natunas et canal Laplace.	
A. 997.	Blair Harbour.	
A. 998.	Rydang Island and Harbour.	
F. 1972.	Golfe de Siam.	
A. 2719.	Lem Chang P'ra to Koh-Ta-Kut.	
A. 2720.	Koh-Ta-Kut to Cape Liant.	
A. 999.	Menam Chau Phya or Bangkok River.	
A. 2721.	Cape Liant to Koh-kut. — Chentabun River. . . .	
A. 2722.	Koh-kut to Bay Island. — Pulo Way and Pangang. .	
A. 2723.	Bay Island to Pulo Obi.	
A. 2725.	Koh Tron and Channels leading to the Anchorages of Kamput.	

CHEMISE Nᵒ 162.

Cambodge et Basse-Cochinchine.

CHEMISE N° 163.

Cochinchine au Nord de la pointe Camraigne, Tonkin et Hainan.

Numéros des Cartes.		Dates des corrections.
F. 1254.	Côte orientale de Cochinchine	1865
A. 1007.	Hanran Bay. — Tsiompa	
F. 453.	Baie et port de Camraigne	
F. 452.	Baie de Niatrang et golfe de Binkang	
F. 451.	De l'île Shala au cap Varella	
A. 1010.	Ong-ro Bay	
F. 455.	De la baie de Camraigne à la baie Tamquam	
F. 450.	Ports de Xuandai, Vung-Lam et Vung-Chao	
F. 449.	Port de Quinhone. — Port de Cou-Mong	
F. 808. F. 809.	Partie de la côte de Cochinchine	
F. 1958.	Baie de Tourane	
F. 810.	Mouillage du cap Boung-Quioua (Tonkin)	
F. 1844.	Golfe du Tonkin et détroit d'Hainan	
F. 439.	Partie de la côte méridionale de l'île d'Hainan	
F. 442.	Baie de Yu-Lin-Kan et mouillage de Sanghia	
F. 1842.	Port de Yu-Lin-Kan	
F. 441.	Baie de Gaalong	
F. 440.	Baie de Lyeoung-Soy	
A. 234.	Hainan, S. E. Coast	

CHEMISE N° 164.

Côte de Chine, de Hainan à Hong-Kong
(Rivière de Canton).

Numéros des Cartes.		Dates des corrections
F. 1434.	Mer de Chine, d'Hainan à Namoa.	1863
A. 1246.	Hainan Island to Macao.	
A. 96.	Tihen-pein or Tien-pack Harbour.	
A. 97	Hui-ling-san Harbour.	
A. 98.	Namo Harbour.	
A. 2212.	Mongchow to Hong-Kong.	
F. 1035.	Rivière de Canton. — Ville de Canton. — Passe de Boca - Tigris. — Macao. — Mouillage de Hong-Kong.	1860
A. 2562.	Canton River and Western Branches.	
A. 2734.	Canton River, Kau-Kong to Chau-sun	
A. 2735.	Canton River, Chau-sun to Wu-chau-fu	
F. 1814.	Passe Sud de Typa (Rivière de Canton).	
F. 1691.	Rade de Macao.	1863
F. 1708.	Embouchure du Tigre.	1860
A. 1253.	Cung-sing-mun	
F. 1692.	Canal Sud de Lantao (Rivière de Canton).	
F. 1693.	Canal Nord de Lantao (Rivière de Canton).	
A. 1222.	Toong-koo, or Urmstone Bay.	
F. 1177.	Bouches du Tigre.	
A. 1782.	Chu Kiang, or Canton River, Lantao to Lankeet Islands	
A. 1741.	Chu Kiang, Lankeet to Tiger Islands, Chuenpee and Bocca Channels.	
A. 1740.	Chu Kiang, Tiger Island to Second Bar Pagoda. . . .	
A. 1742.	Chu Kiang, Second Bar Pagoda to Whampoa.	
A. 1739.	Chu Kiang, Whampoa Channel to Canton.	
F. 2177.	Hong-Kong.	

CHEMISE N° 165.

Côte de Chine, de Hong-Kong à Fou-chou-fou.

———

Numéros des Cartes.		Dates des corrections.
A. 1962.	Hong-Kong to Chelang Point. — Ty-sami.	
A. 1964.	Mirs Bay.	
A. 99.	Harlem Bay.	
A. 1963.	Chelang Point to Chauan Bay. — Chino Bay, Cupchi Point, Haimum, and Cape of Good Hope.	
A. 2789.	Han River Entrance.	
A. 1957.	Namoa Island.	
F. 1435.	Détroit de Formose.	1863
A. 1760.	Chauan Bay to Port Matheson, including the Pescado- res Island. — Red Bay and Rees Pass.	
A. 1958.	Tongsang Harbour and Hutau Bay.	
A. 1767.	Amoy Harbour.	
A. 1764.	Amoy Harbour.	
A. 1959.	Hooe-Tow and Chimmo Bays.	
A. 1769.	Chinchew Harbour.	
A. 1761.	Port Matheson to Ragged Point.	
A. 1985.	Hae-tau Strait.	
A. 2400.	Min River from the Entrance to Fu-chau-fu.	

———

CHEMISE N° 166.

Côte de Chine, de Fou-chou-fou au Yang-Tse-Kiang.

—

CHEMISE N° 167.

Golfes de Pé-tche-li et de Liau-tong.

<table>
<tr><td>Numéros
des Cartes.</td><td></td><td>Dates
des corrections.</td></tr>
<tr><td>F. 2048.</td><td>Golfes de Pe-tche-li et de Liau-tong . . . .</td><td>1865</td></tr>
<tr><td>A. 2823.</td><td>Wei-hai-wei Harbour. . . . .</td><td></td></tr>
<tr><td>A. 2846.</td><td>Lung-mun Harbour.. . . . .</td><td></td></tr>
<tr><td>F. 2061.</td><td>Baie de Tche-fou ou de Yentaï.. . . . .</td><td>1865</td></tr>
<tr><td>A. 1392.</td><td>Pe-chili Strait, Channels, and Anchorage of Hope Sound. . . . .</td><td></td></tr>
<tr><td>F. 2041.</td><td>Mouillages dans le golfe de Pe-tche-li et dans la partie Nord de la mer Jaune.. . . . .</td><td></td></tr>
<tr><td>A. 2732.</td><td>Chi-kau to Ning-hai. — Entrances to Chi-ho, Peh-tang-ho, Ching-ho, Lau-mu-ho, Tai-cho-ho and Tang-ho. . . . .</td><td></td></tr>
<tr><td>A. 1391.</td><td>Pei-ho River and Sha-lui-tien Banks . . . .</td><td></td></tr>
<tr><td>F. 2106.</td><td>Rivière Pei-ho.. . . . .</td><td></td></tr>
<tr><td>A. 257.</td><td>Pei-ho River, Tien-Tsin to Tung-chow. . . . . .</td><td></td></tr>
<tr><td>A. 258.</td><td>Pei-ho River, Tung-ch'ow to Peking.. . . . . . .</td><td></td></tr>
<tr><td>A. 2894.</td><td>Liau River entrance to Niu-chwang.. . . . . . .</td><td></td></tr>
<tr><td>A. 2833.</td><td>Port Adams, Society Bay. — Hulu-shan Bay . . . .</td><td></td></tr>
<tr><td>A. 2827.</td><td>Ta-lien-whan Bay . . . .</td><td></td></tr>
<tr><td>A. 2847.</td><td>Hay-yun Island, including Thornton Haven.. . . . .</td><td></td></tr>
</table>

CHEMISE N° 168.

Côtes orientales d'Asie, de la Corée au détroit de Behring (Mers du Japon et d'Okhotsk).

Numéros des Cartes.		Dates des corrections.
F. 1173.	Presqu'île de Corée..................	
A. 1280.	Port Hamilton..................	
F. 560.	Partie Sud de l'île Quelpaert. — Ile Hoapinsu. — Ile Dagelet. — Partie Sud de l'île Botol. — Partie de l'île Botol. — Ile de Kumi..........	
A. 2710.	Tsu-sima Sound..................	
A. 1259.	Tsau-liang-hai with the adjacent Coast of Tchoo-sian.	
F. 1467.	Côte orientale de Corée et partie de la Tartarie chinoise. — Atterrage du golfe d'Anville. — Baie Yunghing.	
F. 1811.	Baie Yunghing..................	
A. 2347.	Nipon Island, Kiusiu, and Sikok, and a Part of the Korea..................	
A. 2405.	Kuril Islands from Nipon to Kamchatka. — Castries and Jonquière Bays..............	
A. 2432.	Peter the Great, Victoria Posiette, Amier, Usouri Bays.	
A. 2407.	Nooik Bay or Port Deans Dundas.........	
F. 1468.	Golfe d'Anville.................	
A. 2507.	Expedition Bay and Pallada Roadstead.......	
A. 2716.	Siau-wuhu Bay..................	
A. 2511.	Port Michael Seymour or Olga Bay........	
A. 2773.	St Vladimir Bay.................	
F. 563.	Baie de Ternay..................	
F. 1810.	Baie de Barracouta...............	
F. 564.	Baie de Langle (île de Tchoka)..........	
F. 565.	Baie d'Estaing (île de Tchoka)..........	
F. 566.	Baie de Castries.................	
A. 2650.	Tartary Strait and Entrance to the Amur River...	
F. 2174.	Mer d'Okhotsk..................	
A. 2388.	Okhotsk Sea. — Port Aian............	
F. 559.	Iles ou archipel de Corée............	
A. 1040.	Avatcha Bay. — Petropaulovski.........	
A. 1041.	Avatcha Outer Bay...............	
F. 1030.	Baie d'Avatcha.................	

CHEMISE N° 169.

Japon.

——

<table>
<tr><td>Numéros
des Cartes.</td><td></td><td>Date
des corrections.</td></tr>
<tr><td>F. 2150.</td><td>Iles et mer du Japon. . . . .</td><td></td></tr>
<tr><td>F. 1867.</td><td>Détroit de Sangar. . . . .</td><td>1864</td></tr>
<tr><td>F. 1830.</td><td>Port de Hakodadi (île Iesso). . . . .</td><td></td></tr>
<tr><td>F. 1866.</td><td>Port Eudermo (île Iesso). . . . .</td><td></td></tr>
<tr><td>F. 2133.</td><td>Seto-Uchi ou mer intérieure du Japon . . . .</td><td></td></tr>
<tr><td>F. 2118.</td><td>Entrée Ouest de Seto-Uchi et détroit de Simonosaki. .</td><td></td></tr>
<tr><td>A. 532.</td><td>Simonoseki Strait. . . . .</td><td></td></tr>
<tr><td>F. 2124.</td><td>Ports et mouillages dans Seto-Uchi. — Canal de Wu-sima. — Baies de Hiogo et de Corvi. — Passe Naruto.</td><td></td></tr>
<tr><td>A 527.</td><td>Iki Island. . . . .</td><td></td></tr>
<tr><td>A. 358.</td><td>Western Coast of Kiusiu and Nipon, including Tsu-sima. . . . .</td><td></td></tr>
<tr><td>A. 359.</td><td>Harbours on the West Coast of Kiusiu, and adjacent Islands. . . . .</td><td></td></tr>
<tr><td>F. 2119.</td><td>Port de Nagasaki. . . . .</td><td></td></tr>
<tr><td>F. 2111.</td><td>Port de Kagosima . . . .</td><td></td></tr>
<tr><td>F. 2117.</td><td>Ports dans le canal Kii. — Port de Yura. — Rivière Hachker Yura No Uchi. — Baie d'Osaki. — Baie de Tanabé. . . . .</td><td></td></tr>
<tr><td>A. 356.</td><td>Oö-sima and Ura-kami Harbours. . . . .</td><td></td></tr>
<tr><td>F. 1829.</td><td>Port de Simoda (île Nipon). . . . .</td><td></td></tr>
<tr><td>F. 2132.</td><td>Baie de Yeddo. — Yokohama. . . . .</td><td></td></tr>
<tr><td>A 270.</td><td>Simidsu Bay. . . . .</td><td></td></tr>
</table>

——

CHEMISE N° 170.

Iles Lou-tchou, Majico-Sima, Formose, Bashee et Babuyanes.

———

	Numéros des Cartes.		Dates des corrections.

A. 2412. Islands between Formosa and Japan, with the adjacent coast of China . . . .

F. 1174. Archipel Lou-tchou et partie Sud du Japon.. . . . 1863

F. 1176. Port de Ounting (archipel Lou-tchou). . . . . . .

F. 1175. Rade et port de Nafa (archipel Lou-tchou). . . . .

A. 2105. Meiaco-sima Group.. . . . .

A. 1968. Formosa Island. — Sau-o Bay. . . . .

A. 2618. Ke-lung Harbour (Formosa Island). . . . .

A. 2376. Tam-sui Harbour (Formosa Island). . . . .

A. 2409. West Coast of Tai-wan or Formosa from Port Kok-sikon to Ta-kau-kon.. . . . .

A. 1961   Pescadores Islands. . . . .

A. 362.   Pratas Reef and Island. . . . .

A. 1352. Bashee and Balling-tang Channels.. . . . .

A. 2408. Batan Islands with Plans between Ibugos or Bashi and Sabtan, Santo Domingo and Ivana. . . . . . .

A. 984.   San Pio Quinto Port (Camiguin Island).. . . . . .

A. 986.   Fuga Island, Musa Bay. . . . .

———

CHEMISE N° 171.

Iles Philippines au Nord de Mindanao.

Numéros des Cartes.		Dates des corrections.
A. 2395.	Ports in the Filipinas. — Ports Laguimanoc, Busainga, Sorsogan, Mandao or Alag, Palapa, and Nin Bay. .	
A. 2391.	Plans of Ports San Miguel, Batan, Iloilo, Buluangai, Santa Ana, Barreras, or Lanang, San Miguel and Zebú..	
A. 981.	Ports on the Coast of Ilocos and Salomague. . . .	
A. 980.	Subec Port, near Manila..	
F. 459.	Baie de Manille et ses environs..	
A. 976.	Manila Bay and Port.	
A. 977.	Mariveles and Cavite Bays..	
F. 2049.	Détroit de San Bernardino..	
A. 975.	Capa Luan Harbour, with Batangas Bay.	
A. 970.	Ticao Island, St Jacinto..	
A. 971.	Mindoro, Bay on the West Coast, Ports Maugarin and Caweli and Cagayanes Islands..	
A. 972.	Palaon Bay, Port St Andres, Marinduque Island (Mindoro).	
A. 973.	Calapan Bay..	
F. 1725.	Côtes occidentales de Panay, Tablas et iles voisines.	

CHEMISE N° 172.

Iles Palawan, Mindanao, Soulou, et mer des Célèbes.

—

—

CHEMISE N° 173.

Bornéo.

CHEMISE N° 174.

Célèbes et Moluques.

—

—

CHEMISE N° 175.

Grand archipel d'Asie, de Timor au détroit de la Sonde.

———

Numéros des Cartes.		Dates des corrections.
A. 2073.	Baly and Islands East of Java to Timor.	
F. 660.	Partie de l'île Timor et de quelques îles voisines. — Détroit de Bourou. — Ville de Coupang.	
F. 699.	Détroit d'Ombai.	
F. 658.	Détroits de Rottie et de Simao.	
F. 1132.	Partie S. O. de Timor.	
F. 625.	Partie du grand archipel d'Asie.	
F. 700.	Iles Savu.	
A. 902.	Solar Strait.	
A. 901.	Alligator Bay, Floris, etc.	
A. 900.	Mangrove Harbour, Floris.	
F. 1250.	Détroits de Sourabaya, Bali, Lombock et Allas. . . .	
F. 2149.	Partie orientale de la mer de Java.	
F. 859.	Baie de Peejou (île Lombock).	
F. 1243.	Détroit de Sourabaya.	
F. 858.	Détroit de Madura.	
F. 1251.	Côte Nord de Java, de la pointe d'Intramayoe au détroit de Sourabaya.	
F. 1086.	Partie N. O. de Java. — Partie de la côte près de Samasang.	

(Voir, pour la partie Ouest de Java, la chemise n° 155, p. 14.)

———

CHEMISE N° 114.

Cartes routières de l'océan Pacifique.

———

Numéros des Cartes.		Dates des corrections.
F. 1092. F. 1093. F. 1094. F. 1095.	Carte générale de l'océan Pacifique.	1863
A. 2461.	Cook River to California Gulf.	
A. 2460.	Behring Strait to 30° Nord.	
A. 2459.	Kamtschatka to Chusan Island.	
A. 2464.	Sandwich Island to New Caledonia.	
F. 1151.	Iles Hawaii et îles environnantes.	
F. 1150.	Iles situées entre 12° et 30° de latitude Nord, et entre 147° et 176° de longitude Est.	
F. 1149.	Iles Mariannes, Philippines, Formose, etc.	1863
F. 1154.	Iles situées entre 12° Nord et 6° Sud, et entre 142° et 172° Ouest.	
F. 1153.	Iles Marshall et Gilbert.	
F. 1152.	Iles Carolines, Nouvelle-Guinée, îles Salomon, etc.	
F. 985.	Iles Tahiti, Pomotou et Noukouhiva	1864
F. 1101.	Iles Veti, Samoa, Tonga..	
F. 2109.	Mer du Corail, Nouvelle-Guinée, Nouvelle-Calédonie, etc.	
F. 1158.	Iles situées entre 20° et 36° Sud, et entre 127° et 156° Ouest.	
F. 1157.	Iles situées entre 20° et 36° Sud, et entre 156° Ouest et 175° Est.	1862
F. 1156.	Nouvelle-Hollande (côte Est), Nouvelle-Calédonie, Nouvelle-Zélande, etc.	1858
F. 1160.	Iles Macquarie, Campbell, Auckland et partie Sud de la Nouvelle-Zélande.	
F. 1159.	Tasmanie et partie méridionale de la Nouvelle-Hollande	1860
F. 1111.	Partie S. O. de la Nouvelle-Hollande.	
A. 2759a. A. 2759b.	Australia	

———

CHEMISE N° 132.

Nouvelle-Guinée, côte Nord, et île Vaigiou.

<table>
<tr><td>Numéros
des Cartes.</td><td></td><td>Dates
des corrections.</td></tr>
<tr><td>F. 617.</td><td>Détroit de Dampier.</td><td></td></tr>
<tr><td>F. 619.</td><td>Du cap Goode Hoop au détroit de Dampier.</td><td></td></tr>
<tr><td>F. 765.</td><td>Du cap Goode-Hoop au détroit de Dampier.</td><td></td></tr>
<tr><td>F. 766.</td><td>De l'île d'Urville au détroit de Dampier.</td><td></td></tr>
<tr><td>F. 694.</td><td>Iles découvertes en 1616 par Schouten.</td><td></td></tr>
<tr><td>F. 767.</td><td>Des îles Ari-Moa à l'île d'Urville.</td><td></td></tr>
<tr><td>F. 768.</td><td>De la pointe d'Urville à la pointe Saweba.</td><td></td></tr>
<tr><td>F. 1085.</td><td>Bay on the North Side.</td><td></td></tr>
<tr><td>F. 718.</td><td>Du havre de Doreri aux îles Mispalu.</td><td></td></tr>
<tr><td>F. 717.</td><td>Côte au Sud du havre de Doreri.</td><td></td></tr>
<tr><td>F. 716.</td><td>Havre de Doreri.</td><td></td></tr>
<tr><td>F. 623.</td><td>Nord de la Nouvelle-Guinée et île Vaigiou.</td><td></td></tr>
<tr><td>F. 621.</td><td>Havre de Boni ou Boni-Soïre (île Vaigiou).</td><td></td></tr>
<tr><td>F. 663.</td><td>Partie de la côte Nord de l'île Vaigiou.</td><td></td></tr>
<tr><td>F. 664.</td><td>Ile et mouillage de Rawak.</td><td></td></tr>
<tr><td>F. 697.</td><td>Partie des îles des Papous.</td><td></td></tr>
<tr><td>F. 695.</td><td>Havre Offak (île Vaigiou).</td><td></td></tr>
<tr><td>F. 696.</td><td>Partie Nord de la baie Chabrol. — Ports Duperrey et d'Urville (île Vaigiou).</td><td></td></tr>
<tr><td>F. 662.</td><td>Partie des îles des Papous.</td><td></td></tr>
<tr><td>F. 775.</td><td>Iles Aiou et Asia (îles des Papous).</td><td></td></tr>
<tr><td>A. 916.</td><td>Aiou or Yowl and Syang Islands.</td><td></td></tr>
<tr><td>F. 698.</td><td>Détroit de Guébé.</td><td></td></tr>
<tr><td>F. 661.</td><td>Partie du grand archipel d'Asie. — Port de l'île Guébé. — Port de l'île Fohou.</td><td></td></tr>
</table>

CHEMISE N° 133.

Nouvelle-Guinée, côte Sud, et Louisiade.

———

Numéros des Cartes.		Dates des corrections.

F. 1081. Côte S. O. de la Nouvelle-Guinée.— Port Dubus (baie
Triton).. . . . .

F. 1083. Iles Arrou.. . . . .

A. 1460. Banda, Ki Doulan, Dobbo and Dilhi Harbours, Kissa,
Oliliet, and Letti Anchorages . . . .

F. 1086. Track and Discoveries of the Panther and Endeavour.

A. 2423. Bampton Island to Aird River, Bramble Cay.. . . . .

A. 2120. Aird River to Freshwater Bay.. . . . .

A. 2121. Freshwater Bay to Round Head. . . . .

A. 2122. Round Head to Orangerie Bay . . . .

A. 2123. Orangerie Bay to Bramble Haven. . . . .

A. 2124. Bramble Haven to Rossel Islands. . . . .

F. 1090. Côte S. E. de la Nouvelle-Guinée et de la Louisiade. .

F. 762. Partie de l'île Rossel (Louisiade).—Iles Laughlan. .

F. 616. Partie S. E. de la Nouvelle-Guinée.. . . . .

A. 2641. Woodlark Island, South Coast. . . . .

CHEMISE N° 189.

Nouvelle-Hollande.

(Chemise restreinte.)

Numéros des Cartes.		Dates des corrections.
A. 1044.	Carpentaria Gulf to Cape Ford.	
A. 1333.	Port Essington.	
A. 1043.	Carpentaria Gulf.	
F. 1861.	Détroit de Torrès.	
F. 1862.	Détroit de Torrès, chenaux de l'Ouest.	1863
F. 1863.	Détroit de Torrès, partie Nord et chenaux de l'Est. .	
F. 1864.	Détroit de Torrès, partie des récifs de la Grande-Barrière et entrée de l'île Raine.	1863
A. 2143.	Jervis Bay to Broken Bay.	
F. 1920.	Port Jackson.	
A. 2179.	Botany Bay and Port Hacking.	
F. 1904.	Détroit de Bass.	1864
F. 1902.	Mouillages du détroit de Bass.	
F. 1901.	Mouillages sur la côte Ouest des îles Flinders. . . .	
F. 1903.	Port Dalrymple.	
F. 1910.	Détroit de Banks.	
A. 105.	Hobartown.	
F. 1914.	Port Western.	
F. 1886.	Port Phillip.	1863
F. 1927.	Entrée du port Phillip.	
F. 740.	Port du Roi Georges.	
F. 741.	Havre de la Princesse Royale.	
F. 659.	Baie des Chiens Marins.	

QUINZIÈME CATÉGORIE.

CHEMISE N° 190.

(Chemise restreinte.)

Nouvelle-Zélande.

Numéros des Cartes.		Dates des corrections.

F. 2136. Nouvelle-Zélande. . . . .

A. 2525. The Northern Coast. . . . .

A. 1090. Bay of Islands. . . . .

F. 2138. Côte Ouest de Monganui à Manukau, et côte Est de
Tutukaka à l'île Mayor. . . . .

F. 2101. Passes du port d'Auckland. . . . .

A. 2054. Cook Strait and the Coast to Cape Egmont. . . . . .

A. 1423. Port Nicholson. . . . .

F. 1164. Presqu'île de Banks. . . . .

A. 1999. Port Cooper, Levy, Pigeon and Erskine Bays. . . . .

F. 909. Port Akaroa. . . . .

A. 2411. Otago Harbour. . . . .

A. 2616. Cape Foulwind to d'Urville Island. . . . .

A. 2185. Nelson Anchorage . . . .

F. 911. Iles Chatham. . . . .

F. 1087. Iles Auckland . . . .

CHEMISE N° 188.

(Chemise restreinte.)

Nouvelle-Calédonie; Nouvelles-Hébrides; îles Santa-Cruz, Salomon, Nouvelle-Bretagne et Nouvelle-Irlande.

———

Numéros des Cartes.		Dates des corrections.
F. 2038.	Nouvelle-Calédonie, îles Loyalty et partie Sud des Nouvelles-Hébrides..	
F. 1960.	Nouvelle-Calédonie.	
F. 1921.	Nouvelle-Calédonie, partie Nord	
F. 1957.	Nouvelle-Calédonie, côte Est..	
F. 1915.	Nouvelle-Calédonie, partie Sud..	
F. 1856.	Nouvelle-Calédonie, de Kunie à la Grande-Terre.. .	
F. 1824.	Kunie ou île des Pins..	
F. 1894.	Nouvelle-Calédonie, de l'île Uen à Port-de-France. .	
F. 1905.	De Port-de-France à Saint-Vincent..	
F. 1939.	Port-de-France..	
F. 1540.	Port Saint-Vincent..	
F. 1946.	Nouvelle-Calédonie, côte Ouest..	
F. 2032.	Anatom, port du Sud, île Mathew, etc. (Nouvelles-Hébrides)..	
F. 1076.	Ile Santa-Cruz..	
F. 770.	Ile Vanikoro..	
F. 771.	Baie Tevai..	
F. 913.	Partie des îles Salomon. — Baie des Mille-Vaisseaux..	
A. 1107.	Ports and Roadsteads in the Salomon Islands. . . .	
F. 764.	Nouvelle-Bretagne..	
F. 692.	Port Praslin (Nouvelle-Irlande).	
F. 763.	Havre Carteret (Nouvelle-Irlande).	

———

CHEMISE N° 187.

(Chemise restreinte.)

Iles Marquises, Pomotou, Tahiti, Samoa, Tonga et Viti.

———

Numéros des Cartes.		Dates des corrections.
F. 962.	Iles Marquises..................	
F. 1216.	Baie de Tai o hae...............	
F. 1300.	Ile Tahuata. — Baie de Vaitahu.........	
F. 1716.	Archipel des Pomotou...............	1864
F. 1063.	Iles Mangareva ou Gambier...........	
F. 689.	Iles de la Société................	
F. 1307.	Côte Nord de Tahiti, de la pointe Vénus à Faarumai.	
A. 1382.	Otaheiti and Eimeo. — Papeëte, Toanoa and Matavai Bays....................	
F. 1261.	Côte Ouest de Tahiti, de Papeete à Punaavia....	
F. 686.	Ile Bora-Bora..................	
F. 1727.	Mouillage de l'île Toubouai..........	
F. 1072.	Iles Samoa.—Port Apia (île Oupolou).—Partie de l'île Tutuila...................	
F. 1096.	Groupe Hafoulou-Hou. — Havre de Vavao.....	
F. 1184.	Archipel Tonga. — Havre de Vavao. — Mouillage de Lefouga. — Havre de Tonga-Tabou.......	
F. 1073.	Iles Hapaï. — Mouillage de Lefouga........	
F. 759.	Ile Tonga-Tabou.................	
F. 2100.	Iles Viti. — Port Lebouka (île Obalau).......	
F. 1014.	Iles Futuna et Alofa. — Iles Wallis ou Ouvéa. — Baie de l'Allier...................	
F. 703.	Iles Saint-Augustin de Maurelle. — Ile Rotouma...	

———

CHEMISE N° 186.

(Chemise restreinte.)

Iles Sandwich, Carolines et Mariannes.

———

Numéros des Cartes.		Dates des corrections.
F. 1758.	Mouillage de Honolulu (île Oahou)..	
F. 140.	Partie N. O. des îles Mulgrave. — Port du Rhin . . .	
F. 715.	Archipel des îles Carolines.	
F. 709.	Ile Oualan.	
F. 710.	Havre de la Coquille.	
F. 711.	Havre Chabrol. — Port Lottin (île Oualan).	
F. 1016.	Ile Bonnebey	
F. 1199.	Port de Métaléline.	
F. 1078.	Iles Rouk (Carolines). — Mouillage de l'île Tsis . . .	
F. 774.	Iles Hogoleu (Carolines).	
F. 666.	Iles Mariannes.	
F. 667.	Iles Guam.	
F. 670.	Baie d'Umata (île Guam).	
F. 671.	Port San Luis d'Apra (île Guam)	
F. 672.	Havre de Tarofofo (île Guam).	

———

CHEMISE N° 179.

Côte Ouest de l'Amérique du Sud,
du détroit de Magellan à Coquimbo.

(Chemise restreinte.)

Numéros des Cartes.		Dates des corrections.
F. 1095.	Carte générale de l'océan Pacifique, 4° feuille.	
F. 1146.	Côtes du Chili et de la Patagonie occidentale.	
F. 1307.	Des îles Evangelistas au golfe de Peñas.	
F. 2025.	Port Otway. — Port Barbara.	
A. 1313.	San Carlos and Chacao Narrows.	
F. 422.	Valdivia. — Anse du Corral.	
F. 1757.	Baie de la Conception.	
F. 905.	Atterrage de la baie de Valparaiso.	
F. 1746.	Baie de Coquimbo.	

CHEMISE N° 112.

Détroit de Magellan et Terre-de-Feu.

—

Numéros des Cartes.		Dates des corrections.

F. 877. Détroit de Magellan. 1864
A. 1316. Eastern Entrance to Magellan Strait. . . . .
F. 1061. Mouillage extérieur du havre Peckett. — Port Famine et baie Voces. — Baie de Saint-Nicolas. — Baie de Cordès et port San-Miguel. — Baie Fortescue et port Gallant. — Port des Trois-Passes. — Iles Charles. .
F. 1983. Wood's Bay. — Iles Labyrinthe. — Port San-Antonio. — Havre Oazy. — Baie Gregory. — Mouillage entre la pointe Glascott et le cap San-Isidro. — Port Famine et havre Peckett. . . . .
F. 1984. Deep-Harbour. — Anse Playa-Parda. — Baie Borja. — Port Gallant. — Havre de Mercy. — Havre Valentin. — Port Tamar. — Baie Cordes et Port Saint-Michel. — Anse Marianne. . . . .
F. 2022. Port Henry. — Guia Narrows. — Welcome Bay et port Mardou. — Puerto Bueno. — Fortune Bay. — Good Bay. . . . .
F. 2023. Iles Week. — Havre Laura. — Rade Noire. — Havre Dislocation. — Baie Latitude. . . . .
F. 2015. Canal Santa-Barbara. . . . .
F. 2028. Baie Bedford. — Baie Hewett. — Anse du Nord. — Havre Fury. — Havre Smyth. . . . .
A. 1373. Tierra del Fuego, Southern Part vith Staten Island and Diego Ramirez. . . . .
F. 678. Havre Christmas. — Baie de Bon-Succès. — Baie de Saint-François. . . . .
F. 2043. Ile des États. . . . .
F. 2029. Baie Bon-Succès. — Havre Lennox. . . . .
F. 2024. Rade Goree. — Baies Scourfield et Hately. — Baie Gretton. — Anse Middle. . . . .
F. 2026. Baie Packsaddle. — Anse Saint-Martin. — Baie Orange.
F. 2027. Havre Townshend. — Anse Doris. — Havre Stewart. — Havre March. — Anse Adventure. . . . .

CHEMISE N° 113.

Malouines et partie des terres australes.

—

Numéros des Cartes.		Dates des corrections.
F. 1060.	Mers du cap Horn..	
F. 1255.	Iles Malouines ou Falkland..	
A. 2438.	Port Egmont, Keppel Sound..	
A. 1326.	Berkeley Sound..	
F. 679.	Baie Française.	
F. 680.	Port Duperrey. — Anse Saint-Louis.	
A. 1774.	Stanley Harbour. — Ports Williams and Harriett. . .	
A. 1956.	Ports Fitz-Roy and Pleasant..	
A. 2671.	Choiseul Sound and Bodie Inlet..	
A. 1935.	Bull Road..	
A. 1874.	Fox Bay and Ports Edgar, Albemarle and Stephens. .	
F. 1148.	Iles South Orkney, Sandwich, Géorgie, et partie des terres australes.	
F. 884.	Reconnaissance des corvettes *l'Astrolabe* et *la Zélée* dans les régions australes.	
F. 885.	Portion des terres australes.	

—

CHEMISE N° 111.

Côtes orientales de Patagonie, de la Plata au détroit de Magellan.

Numéros des Cartes.		Dates des corrections.
F. 1262.	De la Plata au parallèle de 45° 50′ Sud..........	
A. 1358.	Bahia Blanca to Rio Negro..............	
A. 1331.	Belgrano Port.................	
A. 1329.	Union Bay...................	
A. 1320.	San Blas...................	
A. 1310.	Rio Negro..................	
A. 1327.	San Antonio.................	
F. 1263.	Du parallèle de 44° Sud au détroit de Magellan. — Port Désiré. — Baie Sea-Bar. —Port Gallegos...	
F. 418.	Port de Sainte-Hélène. — Port de Melo........	
A. 552.	Leones, or Ship Island.............	
F. 1922.	Baie de Tova.................	
F. 1923.	Mouillage de l'île des Pingouins..........	
A. 1292.	San Julian..................	
A. 1308.	Santa Cruz and River.............	

CHEMISE N° 109.

Côtes du Brésil, de l'île Sainte-Catherine à la Plata ; entrée de la Plata.

Numéros des Cartes.		Dates des corrections.
F. 2091.	De Rio Janeiro au Rio de la Plata.	1865
	(Pour mémoire, voir la chemise n° 178.)	
F. 2046.	Du cap Sainte-Marthe à la barre de Tramandahy. . .	
F. 2063.	Atterrages de la Plata et de la côte Sud du Brésil. . .	
F. 2051.	Rio-Grande do Sul.	
F. 1959.	Rio de la Plata.	
F. 1913.	Mouillages de Castillo et de Polonio.	
F. 786.	Rade de Maldonado.	
F. 785.	Atterrages de Montevideo.	
F. 787	Rade et port de Montevideo.	
F. 788.	Mouillages de la Colonia et des îles de Hornos. . . .	
A. 2004.	Colonia Road.	
A. 1751.	La Plata, North Shore, Saucé to Martin Chico Points.	
F. 1726.	Port de la Bajada de Parana.	
F. 789.	Rade de Buénos-Ayres.	
A. 2526.	Buenos-Ayres Road and adjacent Coast from Quilmes to Punta Olivos.	
F. 790.	La Ensenada de Barragan.	

Ouvrages.

298. Renseignements hydrographiques sur les îles Bashee, les îles For-
      mose et Lou-Tchou, la Corée, la mer du Japon, les îles du
      Japon et la mer d'Okhotsk.

373. Mer de Chine. — Côte Est de la Chine, de Hong-Kong à la pointe
      Sud de la Corée (Golfe de Pe-tche-li, de Liau-tong, etc.).

329. Description hydrographique de la presqu'île de Corée, traduite
      du russe par *De La Planche.*

246. Instructions sur la Nouvelle-Calédonie, suivies de renseigne-
      ments hydrographiques et autres sur la mer du Japon et la
      mer d'Okhotsk. *De Montravel.*

143. Rapport sur la campagne de la corvette *la Bayonnaise* dans les
      mers de Chine. *Jurien de La Gravière.*

205. Routier de l'Australie, tome Ier.

312. Routier de l'Australie, tome II.

212. Considérations générales sur l'océan Pacifique. *De Kerhallet.*

  *   Guide du négociant français en Chine.

LISTE

DES

DÉPOTS DES CARTES ANGLAISES A L'EXTÉRIEUR.

Hambourg.	{ Felby and Co. { Campbell and Co.
Gibraltar.	Le bureau du capitaine de port.
Malte.	id.
Malte.	Muir.
Smyrne.	Mitchell.
Québec.	Middleton and Dawson.
Miramichi (Nouveau-Brunswick).	J. Mac Dougall.
Chatham (Nouveau-Brunswick).	H. Cunard.
Charlottetown (île du Prince Édouard).	H. Stampers.
Sidney (île du cap Breton).	Brown.
Gut of Canso : Port Mulgrave.	W. C. Heffernan.
Gut of Canso : Plaister Cove.	J. Mac Keen.
Pictou (Nouvelle-Écosse).	J. Patterson.
Halifax (Nouvelle-Écosse).	MM. Mac Kenley.
Nassau (Nouvelle-Providence).	Harvey.
Buenos-Ayres.	H. Moss.
Ville du Cap (cap de Bonne-Espérance).	Le bureau du capitaine de port.
Baie d'Algoa.	id.
Bombay.	Le bureau du superintendant.
Singapour.	Campbell and Co.
Hong-Kong.	Douglas Lapraik.
Brisbane (Australie).	Le bureau du capitaine de port.
Sidney (Australie).	Reading and Wellbank.
Melbourne (Australie).	J. Blundell and Co.
Adélaïde (Australie).	{ G. Trinklar, Trinity House. { G. Wolds.
Port Adélaïde.	Le bureau de la Marine.
Hobartown (Tasmanie).	Walch and Sons.
Victoria (île de Vancouver).	Hibben and Carwell.
Auckland (Nouvelle-Zélande).	W. C. Wilson.
Nelson (Nouvelle-Zélande).	D. Rough.
Port Cooper (Nouvelle-Zélande).	J. W. Hamilton.
Wellington (Nouvelle-Zélande).	R. Stokes; S. Karkeet.

Paris. — Typographie de Firmin Didot frères, imprimeurs de l'Institut et de la Marine, rue Jacob, 56.

LIBRAIRES

CHARGÉS DE LA VENTE DES PUBLICATIONS

Du Dépôt des cartes et plans de la Marine.

— o —

PARIS. — Bossange, quai Voltaire, 25.

DUNKERQUE. — Mme Théry, successeur de veuve Lancel.

DIEPPE. — Quesnel.

FÉCAMP. — Mlle Garnier.

LE HAVRE. — Debrie.

ROUEN. — A. Le Brument.

HONFLEUR. — Mlle Caillot.

CAEN. — Mme Capitaine.

CHERBOURG. — Le Poittevin.

GRANVILLE. — Mme Seyty, née Grimbot.

SAINT-MALO. — V. Coni.

SAINT-SERVAN. — Mme Laurent-Huet.

SAINT-BRIEUC. — L. Prudhomme.

BREST. — Lefournier frères.

LORIENT. — Mme Tiret.

NANTES. — Mme Véloppé.

SAINT-NAZAIRE. — Fétu.

LA ROCHELLE. — Gout, successeur de Fémeau.

ROCHEFORT. — Proust-Branday.

BORDEAUX. — Chaumas-Gayet.

BAYONNE. — Cazals.

CETTE. — Alexandre Martin fils.

MARSEILLE. — Trabaud.

TOULON. — Rumèbe.

ALGER. — Bastide.